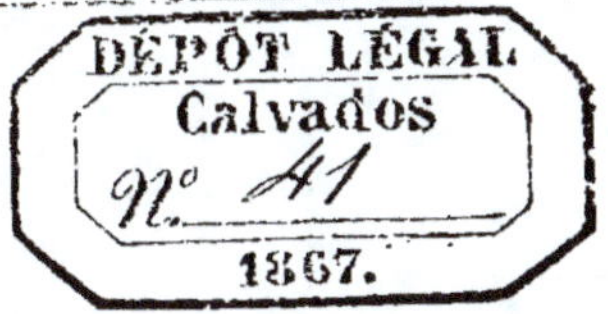

OLIVIER BASSELIN

ET LES

COMPAGNONS DU VAU-DE-VIRE

UNE

ERREUR HISTORIQUE ET LITTÉRAIRE

MÉMOIRE INÉDIT

Lu à la Sorbonne, le 4 avril 1866

Par M. Julien TRAVERS

SUIVI DE L'INCIDENT MARTIN-TRAVERS

EXTRAIT DES JOURNAUX

CAEN

F. LE BLANC-HARDEL, IMPRIMEUR-LIBRAIRE
Rue Froide, 2

1867

PRÉAMBULE.

Les Académies et les Sociétés savantes des départements furent prévenues, vers la fin de 1865, que celles qui se proposaient d'avoir des représentants à la session qui s'ouvrirait en Sorbonne, le 4 avril 1866, devaient prendre connaissance des morceaux à lire dans les séances, donner leur approbation à ces morceaux, et les adresser au ministère pour le 15 mars, terme de rigueur.

Quel était le but de cette mesure toute nouvelle? On ne l'aurait jamais deviné, si l'on n'eût appris, par des indiscrétions, que le Comité des travaux historiques comptait se mettre ainsi à l'abri de toute responsabilité.

C'était, par une précaution fort inutile, créer à la fois une double censure, qui rendait MM. de Paris à la fois responsables envers le public et responsables envers les Sociétés savantes des départements. Bien des Compagnies ne voulurent pas exercer le contrôle prescrit à l'égard de leurs membres, et nous approuvons leur réserve, comme nous blâmons des défiances que rien ne justifie.

Quel a été le résultat des mesures ministérielles suscitées par le Comité? C'est que la responsabilité à laquelle on cherchait à se soustraire, s'est trouvée par le fait beaucoup plus sérieuse. Un déni de justice envers un simple membre est devenu un déni de justice envers l'Académie qu'il représentait. Le refus d'un morceau était la condamnation du jugement porté par cette Compagnie.

A quoi tend le court exposé qui précède? A justifier la publication à part d'un opuscule destiné primitivement à paraître dans l'un des deux volumes qui contiennent les lectures faites à la Sorbonne, au mois d'avril 1866, mais que le Comité des travaux historiques en a repoussé (1). L'a-t-il repoussé comme trop long, comme mal pensé, comme mal écrit? Non, car c'est le plus court des morceaux lus dans la session de 1866 ; et, soit indulgence, soit surprise, il n'a pas été seulement applaudi par l'assemblée, il a

______

(1) Quand je parle du Comité, j'entends la majorité des membres qui ont délibéré sur les impressions. Je sais que des hommes haut placés dans la science et dans les lettres m'ont chaleureusement défendu et ont voté l'admission de mon manuscrit. Je les en remercie cordialement, et regrette pour la petite assemblée que la majorité n'ait pas suivi leur exemple.

été loué pour le fond et pour la forme par le président, M. Amédée Thierry.

Quelle a donc été la cause de cette réforme injurieuse, de cette mise à l'écart d'un morceau approuvé par l'Académie impériale des sciences, arts et belles-lettres de Caen, accueilli en Sorbonne par des bravos unanimes, loué enfin publiquement par le président et par les membres du bureau ?

Cette cause, le croirait-on ? c'est le retentissement qu'il a eu dans les journaux, grâce à des circonstances que l'auteur n'avait ni prévues, ni pu prévoir. Il avait fait, il avait lu son opuscule à ses juges académiques plusieurs semaines avant qu'un historien connu, dont il relevait une erreur, se portât candidat à l'Académie française. Je répète *plusieurs semaines*, et j'en produirais, au besoin, des preuves irrécusables.

Avant d'aller plus loin, je dois dire que, en arrivant à Paris, le 29 mars 1866, je fus informé par les journaux que la candidature de M. Henri Martin était posée, et je fus tenté d'abord de renoncer à ma lecture. Mais j'appris bientôt qu'elle ne pouvait avoir aucune influence ; que les suffrages étaient définitivement arrêtés ; que l'historien-publiciste n'aurait par moi ni une voix de plus, ni une voix de moins. Je fis des réflexions sur mon âge, qui ne permet qu'aux imprudents d'ajourner, et mon parti fut pris dès que j'eus la conscience en paix sur le résultat.

Toutefois, ce que j'avais craint au premier moment, ne tarda pas à se produire. Les adversaires de M. Henri Martin firent de ma lecture en Sorbonne une arme de combat, et, pendant un mois, j'eus à répondre à des contradicteurs qui s'égaraient dans les ténèbres de l'histoire à propos de chansons perdues.

Ce bruit tombé avec les circonstances, la question d'impression ne devait-elle pas être résolue dans un sens opposé à la décision que l'on a prise? Est-ce qu'un nom propre peut être mis en balance avec une vérité? Est-ce que l'on ne doit pas craindre de blesser une Compagnie respectable, en écartant l'œuvre d'un vieux serviteur, élu vingt-huit ans de suite son secrétaire, et à l'unanimité dans les derniers scrutins?

Condamné par le Comité des travaux historiques, qui ne m'a pas même averti de son refus, je publie ma lecture du 4 avril 1866, comme complément du volume imprimé sous ce titre : *Mémoires lus à la Sorbonne dans les séances extraordinaires du Comité impérial des travaux historiques et des Sociétés savantes, tenues les 4, 5 et 6 avril 1866* (Histoire, philologie et sciences morales). Je la publie, cette lecture, parce que j'avais un but sérieux en la compo-

sant ; parce que je craignais qu'une erreur historique et littéraire ne se propageât par l'autorité de deux hommes de mérite, tombés dans un
piége que je n'avais pas tendu, mais dont j'étais
involontairement coupable.

Enregistrée dans les Mémoires de la Sorbonne,
ma confession y serait pacifiquement restée
comme un avertissement salutaire aux historiens. Parfaitement sûr aujourd'hui qu'elle est
exclue du recueil officiel, je regarde comme un
devoir de la faire imprimer, et d'y ajouter quelques extraits de la polémique à laquelle elle a
donné lieu, et qu'on appela l'*incident Martin-
Travers*. Cette polémique, oubliée, avait excité
le zèle des collectionneurs ; s'ils tiennent à cette
réunion des principaux articles, qu'ils ne soient
pas ingrats, qu'ils remercient le Comité.

UNE

ERREUR HISTORIQUE ET LITTÉRAIRE.

Les historiens modernes sont plus curieux de la vérité que les anciens : ils la cherchent avec ardeur dans les moindres détails ; ils la demandent à tout ce qui manifeste le génie de l'homme : religions, législations, monuments de l'art ou de l'industrie, ouvrages informes des peuples primitifs ou chefs-d'œuvre des civilisations les plus raffinées ; ils interrogent jusqu'aux chants où s'est jouée l'imagination de nos pères ; et croient, sans trop s'abuser, que la fiction a des indices qui mettent sur la voie de réalités positives. Toutefois cette passion pour la vérité a, comme les autres, ses illusions, ses déceptions, ses aveuglements ; l'induction peut reposer sur des fondements illégitimes, et nous voyons des annalistes renommés juger à la légère, croire à des soupçons ingénieux et donner un corps à des ombres.

Ces courtes réflexions nous sont suggérées par quelques œuvres contemporaines dont nous sommes loin de contester la valeur. Une *Histoire de France*, à laquelle l'Académie des inscriptions et belles-lettres a décerné le grand prix Gobert, et que les suf-

frages réitérés de l'Académie française recomman-
dent à l'attention publique, a subi des attaques
auxquelles nous ne voulons pas nous associer. Mais
il est un point de critique ou d'histoire littéraire que
nous ne saurions passer sous silence : il établirait
une erreur qui prendrait de la force en vieillissant ;
nous entreprenons de la détruire.

En racontant l'expulsion des Anglais du sol normand sous Charles VII, l'historien s'interrompt à la
page 446 de son VI⁰ volume (4ᵉ édition), et fait cette
note :

« C'est ici le lieu d'indiquer un des faits les plus
« intéressants et les moins connus de l'histoire litté-
« raire de ce temps, histoire littéraire qui se relie
« héroïquement à l'histoire politique. Nous voulons
« parler des *Compagnons du Vau-de-Vire*. Ces joyeux
« et patriotes chanteurs populaires, si originaux et
« si énergiques, méritent mieux qu'une simple note,
« et nous renverrons aux ÉCLAIRCISSEMENTS, n⁰ III,
« les *Compagnons du Vau-de-Vire*. »

Nous avons lu avec attention ce n⁰ III des ÉCLAIR-
CISSEMENTS, et nous n'hésitons pas à le regarder
comme un échafaudage systématique étayé sur des
méprises. L'historien a cru sur parole un littérateur
qui publia, il y a vingt-cinq ans, deux volumes
d'anciens *Chants françois*. Ce littérateur ayant rencontré, parmi les Vaux-de-Vire de Le Houx, des vers
où Basselin pouvait être considéré comme un poète
d'autant plus patriote, d'autant plus acharné contre
les Anglais, que ces impitoyables oppresseurs trou-
blaient ses joies bachiques et ses réunions avec ses

amis de cabaret ; ayant rencontré, dis-je, nombre de vers où les compagnons du chansonnier étaient souvent l'objet de ses apostrophes, puis d'autres vers où sa mort était attribuée aux Anglais, crut et affirma que le Bocage normand avait, au commencement du XVe siècle, « une société de joyeux compères qui « s'appelaient les Galants, les Compagnons-Galois, « ou les Gales-Bontemps. » Il ajouta que « la ville de Vire était leur chef-lieu, » et que « leur dévotion avait pour objet la bouteille. »

Nous admettons qu'il y eut à Vire, dans les dernières années de la domination anglaise, un foulon-poète, nommé Basselin, Bisselin ou Vasselin, bien que nous n'ayons pas de lui un vers authentique. La tradition a conservé son souvenir, et tout porte à croire que plusieurs thèmes de ses chants bachiques ont été une source d'inspirations pour Jean Le Houx, avocat à Vire, et qui vécut vers 1550-1616. Jean Le Houx était dans sa petite ville entouré de jaloux, qui ameutèrent contre lui des dévots trop susceptibles. Pour échapper à leurs persécutions, il fit un pèlerinage à Rome, et ne publia qu'une partie de ses chansons, celles peut-être qu'il avait empruntées aux thèmes connus et que l'on attribuait au vieux Basselin.

Tout cela est si vrai que le manuscrit des pièces de Le Houx, que posséda le médecin Polinière, dont le fils l'a donné à M. le comte de La Ferrière-Percy, contient tous les Vaux-de-Vire connus, sans aucune distinction d'auteur. Rien dans ce manuscrit n'est attribué à Basselin, et rien ne lui appartient en propre ; tout est de la même main, du même style.

du style de Le Houx, écrivant dans la seconde moitié du XVIe siècle.

Nous en dirons autant d'un manuscrit plus précieux encore, car il semble plus ancien, et que, par le caractère de l'écriture, par le soin avec lequel la copie est faite, par les corrections qu'elle renferme, par les additions de *Noëls* du même auteur, nous regardons comme autographe de Le Houx. Or, dans ce manuscrit, qui appartient à la Bibliothèque de Caen (1), et d'après lequel on pourra faire désormais une édition définitive des *Vaux-de-Vire*, toutes les chansons, divisées en deux parties et précédant les Noëls, sont attribuées à Jean Le Houx : le manuscrit semble même préparé pour l'impression. Il a une dédicace en prose à Bacchus ; un sonnet du poète à ses vers, impatients de voir le jour malgré lui ; un autre à ses censeurs ; neuf distiques latins aux mêmes, pour sa justification ; enfin douze vers français, signés des initiales I. P. V., destinés également à la justification de Le Houx.

Sans doute, pour composer son recueil, l'imagination de ce chansonnier s'est reportée en arrière ; elle se sera inspirée de la légende populaire d'Olivier Basselin et des couplets joyeux, parfois énergiques, mais informes, qui se conservaient, tout en se modifiant, en s'altérant, chez les héritiers de ses goûts prononcés pour le jus de la pomme et de la vigne ; mais, soit qu'il s'adresse aux bons vivants, com-

---

(1) Ce fut M. Hébert, conservateur de cette Bibliothèque, qui acheta l'œuvre de Le Houx, en 1833, peu après la publication des *Vaux-de-Vire* imprimés cette année-là même à Avranches. Aucun éditeur de Basselin-Le Houx ou Le Houx-Basselin n'a connu ce manuscrit.

pagnons de Basselin , soit qu'il excite à boire ses propres amis , il n'y a pas lieu à reconnaître une École poétique de Vire , une Société de gais compères , organisés , comme on l'a dit , en « une sorte de chouannerie dans le Bocage » , ayant pour but d'en « chasser l'étranger » , et reconnaissant Basselin pour « capitaine. » De telles conjectures ne s'appuient que sur de patriotiques soupçons , et nous avons le regret de les trouver dénuées de preuves.

Mais , disent le littérateur , ancien pensionnaire de l'École des chartes , et l'historien couronné par l'Académie des inscriptions et par l'Académie française , « le manuscrit du XVe siècle est conservé à « Bayeux. Quant aux œuvres d'Olivier Basselin , « publiées un siècle et demi plus tard par Jean Le « Houx , elles manquent d'authenticité quant à la « forme , l'éditeur les ayant remaniées en style du « XVIe siècle. »

Ces Messieurs , en parlant ainsi , prouvent qu'ils n'ont pas vu le manuscrit de Bayeux , devenu la propriété de la Bibliothèque impériale. Ce manuscrit du XVe siècle , en effet , ne peut être de Le Houx , né dans le XVIe ; il ne peut être non plus d'Olivier Basselin dont il ne contient pas les Vaux-de-Vire. J'insiste sur ce point capital : il ne contient pas les Vaux-de-Vire de Basselin. C'est un recueil de chansons normandes , généralement d'un caractère différent et qui n'a presque rien de bachique.

Qu'importe aux inventeurs de la Société des Gales-Bontemps ? N'avons-nous pas , disent-ils , « une « chanson par laquelle il (Basselin) appela le Bo- « cage aux armes ?

> « Hé ! cuidez-vous que je me joue,
>   « Et que je voulsisse aller
> « En Angleterre demourer ? etc. »

L'historien ajoute : « Les vœux du pauvre Basselin
« ne furent pas exaucés, et ce fut lui qui monta sur
« le gibet dont il menaçait les oppresseurs de son
« pays. Voici l'oraison funèbre que lui firent ses
« compagnons :

> « Helas ! Olivier Basselin,
> « N'orrons-nous point de vos nouvelles ?
> « Vous ont les Anglois mis à fin ! etc •

Le même historien s'échauffe ; il voit dans le passé
comme un prophète voit dans l'avenir ; écoutez-le :
• La Compagnie du Vau-de-Vire survécut à son ca-
« pitaine , et vit ce jour de victoire et de délivrance
« qu'avait rêvé le Tyrtée populaire du Bocage. Elle
« salua d'un chœur éclatant la bataille de Formigny :

> « Cuydoyent (1) tousjours vuider nos tonnes,
> « Mectre en chartre (2) nos compaignons ,
> « Tendre sur nos huys des sidones (3)
> « Et contaminer ces vallons.

> « Cuydoyent tousjours dessus nos terres
> « S'esbattre en joye et grant soulas (4) ,
> « Pour resconfort embler (5) nos verres
> « Et se gaudir de nos repas.

(1) Croyaient (Les Anglais).
(2) Prison.
(3) Tendre des linceuls sur nos portes.
(4) Grande réjouissance.
(5) Enlever.

« Cuydoyent tousjours baisier les mammes (1
« Es garses (2) du pays virois ;
« Cuydoyent tousjours faire nos femmes
« Meres d'enfantelets anglois.

« Ne beuvant qu'eau, tous nos couraiges
« Estoyent la vigne sans raizin ;
« Rougissoyent encor nos visaiges,
« Ainçois de sildre ne de vin (3 .

« S'embesoignant de nos futailles ,
« Dieu a feru (4) ces enragiés ,
« Et la dernière des batailles
« Par eux occis nous a vengiés.

« Beuvons tous : des jours de detresse
« Jectons le record (5) dans ce vin.
« Ores ne me chault que lyesse (6) :
« Beuvons tous du vespre 7) au matin »

Après une telle citation, il n'y a plus sans doute
qu'à s'écrier avec M. Henri Martin : « Quelle distance
« de cette franche et vaillante poésie populaire au
« fatras alambiqué des poètes de cour, à commencer
« par Georges Chastelain lui-même ! C'est ici, et dans
« le *Pathelin*, qu'est le vrai lien de l'ancienne poésie

(1) Mamelles, seins.
(2) Garse, jeune fille, féminin de gars, jeune garçon. Dans le
patois bas-normand, garse a le diminutif garsette, petite fille.
(3) Mais ce n'était ni par l'effet du cidre, ni par l'effet du vin.
(4) Frappé.
5) Souvenir.
(6) Maintenant je n'ai souci que de joie.
7) Soir.

« nationale avec la langue et la littérature de la
« France moderne qui vont naître. »

Pardon si je souris d'une telle tirade. La France
entière applaudirait à la sagacité de son historien,
que je croirais de préférence le dernier éditeur des
Vaux-de-Vire (1), le bibliophile Jacob, aux yeux
duquel le morceau cité est « apocryphe. » — Apocryphe ! une pièce admise dans les *Chants historiques
françois*, publiés par M. Leroux de Lincy ! une pièce
« inspirée, selon M. Henri Martin, par ce jour de
« victoire et de délivrance qu'avait rêvé le Tyrtée
« populaire du Bocage. » — Oui, apocryphe ; j'en sais
l'histoire, et la voici :

A la fin de la Restauration, un régent de rhétorique
d'un collége communal, celui de Saint-Lo, préparait
une édition populaire des *Vaux-de-Vire* publiés en
1811, format grand in-8°, tirés à 148 exemplaires
qui n'avaient pas été mis dans le commerce. Il désirait
en faire un modeste in-18, qu'il donna en 1833.

Pendant qu'il cherchait de toutes parts des chansons
de Le Houx, non encore imprimées, un de ses anciens
élèves, M. Ephrem Houël, aujourd'hui inspecteur
général des haras en retraite, lui prêta (c'était vers
1826) les poésies de Clotilde de Surville. Le professeur,
en les rendant, chercha vainement à prouver qu'elles
étaient apocryphes. Ne pouvant vaincre l'incrédulité

---

(1) *Vaux-de-Vire d'Olivier Basselin et de Jean Le Houx, suivis
d'un choix d'anciens Vaux-de-Vire et d'anciennes chansons normandes,
tirés des manuscrits et des imprimés, avec une notice préliminaire
et des notes philologiques par A. Asselin, L. Dubois, Pluquet,
Julien Travers et Charles Nodier.* Nouvelle édition revue et publiée
par P.-L. Jacob, bibliophile. Paris, Adolphe Delahays, 1858.

par ses arguments, il eut recours à une ruse qui lui parut innocente : il composa le Vau-de-Vire attribué aux compagnons du «Tyrtée populaire du XVe siècle, » et ce Vau-de-Vire fut accepté comme parfaitement authentique. M. Asselin, ancien sous-préfet de Vire, l'éditeur du Basselin de 1811, en porta le même jugement, recommanda fortement de l'imprimer; quoiqu'il en connût l'origine, et ce pastiche, tel quel, figura dans l'édition de 1833. Béranger, avec son goût sûr et délicat, soupçonna la supercherie et n'en blâma point la hardiesse. « Quelques pommes de plus, écrivait-il après avoir lu les chansons de son devancier et en prenant sa métaphore aux sources normandes, quelques pommes de plus ne gâtent pas le panier. » M. Frédéric Vaultier, professeur à la Faculté des lettres de Caen, signala le morceau dont il analysa les beautés dans un mémoire imprimé (1). M. Leroux de Lincy, comme nous l'avons vu, l'inséra dans ses *Chants historiques,* et imagina cette société des Gales-Bontemps, trop facilement admise par M. Henri Martin dans son *Histoire de France.*

C'est cette admission dont je crains les conséquences, à savoir : l'introduction d'une erreur dans nos annales littéraires, qui me détermine à déclarer ici la vérité.

Le Vau-de-Vire apocryphe est de moi, et je m'en cachais quand le silence me semblait sans inconvénient.

Aujourd'hui l'autorité de MM. Leroux de Lincy et

---

(1) *Mémoires de l'Académie des sciences, arts et belles-lettres de Caen,* 1836, pages 27-68.

Henri Martin donne à ma faute une portée que je n'avais pas soupçonnée d'abord, et que je ne puis expier par un repentir solitaire. L'aveu public que j'en fais suffira, je l'espère, pour qu'elle n'ait aucun fâcheux résultat dans l'avenir. Peut-être même servira-t-il de leçon aux maîtres, qui ne sauraient avoir trop de réserve quand il s'agit de nouveautés.

Quoi que l'on pense de cette confession tardive, elle me soulage, et je sens, avec une sorte de plaisir, qu'elle allège d'un article le compte à rendre très-prochainement d'une vie qui s'achève.

INCIDENT MARTIN-TRAVERS.

Nous sommes encore surpris, après un an, du bruit qui
s'est fait et de tout ce qui s'est écrit à l'occasion du morceau qu'on vient de lire. Si le texte n'eût pas séjourné
dans les cartons du ministère de l'instruction publique, où
il attendait son arrêt de mort, il eût été publié à temps
pour éclairer sur l'injustice des attaques, et sans doute il
eût mis fin à la polémique. Aujourd'hui que le volume
où il devait paraître est sorti des presses de l'Imprimerie
impériale, et qu'on l'y cherche en vain, nous le donnons
comme *Supplément* à ce volume officiel, et nous le faisons
suivre des pièces du débat, qui ont amené M. Henri Martin à
reprendre sans motifs une opinion qu'il avait judicieusement
abandonnée. Ces tergiversations dénotent plus que de la
légèreté dans le célèbre auteur de l'*Histoire de France*. On
pardonne les fautes échappées dans un long ouvrage ; on est
moins indulgent pour les erreurs abandonnées par raison et
reprises par amour-propre.

I.

Extrait de l'*Événement* du 12 avril 1866.

La *Gazette de France* publie aujourd'hui un article de
M. P. Dounain, qui décuple les chances de M. Cuvillier-
Fleury.

Cet article rapporte tout au long un incident des plus piquants qui se serait produit, le 4 avril, à la dernière réunion des délégués des Sociétés savantes.

Tous ceux qui ont lu dans M. Henri Martin le récit, d'ailleurs animé de bons sentiments, des guerres de la France et de l'Angleterre au XVe siècle, se rappellent le grand rôle que l'historien fait jouer en Normandie à une association de poètes populaires et de guerriers dont le fameux Olivier Basselin aurait été le chef, ou du moins serait resté populaire.

M. Henri Martin fait un brillant et curieux tableau de cette association de Tyrtées bas-normands, aux efforts desquels, autant peut-être qu'à ceux de la druidesse Jeanne d'Arc, le sol de la patrie aurait été redevable de sa délivrance. Le morceau est des mieux traités ; l'auteur l'a soigné avec amour, car c'est une découverte.

Cette découverte, M. Henri Martin l'a faite dans un ouvrage publié par M. Julien Travers, les *Vaux-de-Vire* d'Olivier Basselin, édition de 1833. Là se trouvent, en effet, dans un supplément, des chansons inédites de la même date que les *Vaux-de-Vire*, et qui mettent hors de doute l'existence de l'association des bardes normands du temps de Charles VII, et l'action considérable qu'ont exercée leurs chants patriotiques.

« Cela est certain, dit M. Julien Travers : les chansons publiées dans mon édition des *Vaux-de-Vire*, attribuées à Olivier Basselin, témoignent hautement du fait que M. Henri Martin a signalé le premier, et qui a fourni les belles pages que l'on sait.

« Il n'y a à cela qu'un malheur, c'est que ces chansons n'ont aucune authenticité, que ce n'est qu'un jeu d'esprit, un pastiche dans le genre des vers attribués à Clotilde de Surville, une supercherie littéraire, enfin, dont M. Henri Martin a été la dupe. Et la preuve qu'il en est ainsi et que les vers sur lesquels le trop confiant écrivain a édifié toute son histoire des poètes bas-normands ne sont pas contemporains de ceux auprès desquels ils se trouvent placés dans mon édition de Basselin, c'est que.. ils sont de moi ! C'est moi qui les ai faits dans les beaux jours du romantisme, quand M. Victor Hugo écrivait le *Pas d'armes du roi Jean*, et que la mode du moyen-âge était dans sa première fleur. Ce fut, de ma part, un amusement, une diversion à la monotonie de ma vie de régent de collége de province

« En les insérant plus tard dans mon édition de Basselin, j'étais loin de supposer que les lecteurs instruits s'y laisseraient prendre, et que, de mon vivant même, ces pseudo-Vaux-de-Vire iraient grossir le bataillon apocryphe de l'histoire. En face de la déplorable fortune qu'ils ont eue, je ne saurais, ce me semble, garder le silence.

« Je viens donc, pour l'empêcher de prescrire, dénoncer une usurpation que je n'ai pas voulue, et, en père honnête, arracher à ces fils de ma muse le déguisement de fantaisie que je leur avais mis, et auxquels, à ma grande surprise, des gens d'esprit font, par suite, accueil et accordent une autorité dont ils ne sont pas dignes. »

Cette confession héroï-comique a produit une hilarité bruyante qui, des bancs, a gagné le bureau, où le président, M. Amédée Thierry, a fait de vains efforts pour l'arrêter et s'en défendre lui-même.

II.

Extrait du journal *Le Siècle*, du 16 avril 1866.

Après avoir cité l'article de la *Gazette de France*, *Le Siècle* fait les réflexions suivantes :

M. Henri Martin a publié dans le tome VI de son *Histoire*

de France, édition de 1855, qui contient 200 pages sur Jeanne Darc, une note de six lignes, à la page 446, sur les *Compagnons du Vau-de-Vire*, en renvoyant aux *Éclaircissements* à la fin du volume. Le n° III des *Éclaircissements* cite trois chansons ou *Vaux-de-Vire*, avec quelques explications au sujet de ces chansons.

M. Julien Travers sait *parfaitement* que M. Henri Martin n'a pas *signalé le premier* le fait en question, ni prétendu là-dessus à aucune découverte ;

Que M. Henri Martin n'a cité les trois chansons que de *seconde main*, d'après l'excellent recueil de *Chants histo-riques françois*, de M. Leroux de Lincy, recueil composé en général de pièces aussi curieuses qu'authentiques ;

Qu'enfin les *belles pages*, le *morceau soigné avec amour*, etc., etc., sur cette prétendue découverte, consistent tout simplement en une page ou deux où M. Henri Martin a emprunté à M. Leroux de Lincy ses explications sur les pièces qu'il avait accueillies dans sa collection.

Quelles sont les chansons que M. Henri Martin a citées d'après M. Leroux de Lincy, et non d'après M. Julien Travers, comme celui-ci ne l'ignore point ?

Il y en a trois : la première est un appel aux armes, adressé aux *gens de village* contre les Anglais ;

La seconde est un adieu au poète Olivier Vasselin ou Basselin :

> Helas ! Olivier Vasselin,
> N'orrons-nous point de vos nouvelles ?
> Vous ont les Engloys mys à fin...

Ces deux pièces ont été tirées par M. Leroux de Lincy de l'édition des *Vaux-de-Vire* de Basselin, donnée en 1821 par M. Du Bois, qui n'a jamais eu à faire d'aveux pareils à celui de M. Julien Travers ; M. Du Bois les a prises dans un manuscrit de Bayeux, qui est, dit-on, de la fin du XVe siècle.

et les vers que nous venons de rappeler sont cités dans une lettre d'un poète du temps de Louis XII, Guillaume Crétin. Leur authenticité est donc incontestable.

La troisième chanson a seule été fabriquée par M. Travers; elle est très-courte, et il n'y est pas question d'Olivier Basselin.

Il est donc parfaitement inexact de dire que M. Henri Martin a édifié « son histoire des poètes bas-normands », histoire qui n'est pas de lui, sur les apocryphes de M. Travers; le point de départ de l'hypothèse que M. Henri Martin avait acceptée, sur le caractère patriotique de Basselin et de l'association des poètes normands, est dans les deux pièces authentiques du recueil de M. Du Bois, antérieur de douze ans à celui de M. Travers, et le premier écrivain qui ait fait de Basselin, d'après les vers cités plus haut, un martyr politique, est M. Pluquet, le consciencieux collaborateur de M. Du Bois.

M. J. Travers prétend qu'en insérant ses *pastiches* dans son édition de Basselin, il était loin de supposer que les lecteurs instruits s'y laisseraient prendre. Ce fut pour lui, dit-il, un simple amusement, un jeu d'esprit.

Nous laisserons M. Travers se répondre à lui-même. M. Asselin, dont il va être question, avait le premier, à la tête d'une association viroise, réimprimé, en 1811, l'édition disparue du vieux poète de Vire, Olivier Basselin.

« Restaurateur de Basselin en 1811, dit M. Julien Travers dans sa préface, M. Asselin a quelques raisons de tenir à l'édition qu'il a donnée de cet auteur; mais il a un trop bon esprit pour ne pas désirer qu'il en paraisse une meilleure encore. Telle est, à cet égard, son abnégation personnelle et sa ferveur pour la gloire de Basselin, qu'il m'a généreusement offert tous les moyens d'améliorer son premier travail. Ses livres, ses papiers, au moindre désir que j'en ai manifesté, ont quitté sa bibliothèque, la ville même de Cherbourg, et sont, depuis plusieurs mois, à vingt lieues de leur propriétaire. Puisse le fruit de mon zèle à préparer cette édition répondre à tant de complaisance ! »

M. J. Travers s'était donc chargé d'une entreprise sérieuse et à laquelle des hommes respectables attachaient une réelle importance. Il faut avouer que M. Asselin a été bien payé de son *généreux* concours et qu'il avait bien placé sa confiance.

M. Travers, enfin, assure qu'il croit de son devoir de rompre le silence en face de la *déplorable fortune* qu'ont eue les *fils de sa muse*, et s'estime obligé, dit-il, pour l'empêcher de prescrire, de dénoncer une usurpation qu'il n'a pas voulue.

La conscience de M. Travers aurait dû parler un peu plus tôt, c'est-à-dire avant que sa supercherie eût été démasquée, il y a huit ans, dans la plus récente édition d'Olivier Basselin, par P.-L. Jacob (Paul Lacroix), 1858, p. 108 (Bibliothèque gauloise), édition bien connue de quiconque s'occupe de notre vieille littérature. Le dernier éditeur de Basselin avait pris soin de pourvoir à la prescription redoutée par M. Travers, qui a oublié de lui en témoigner sa reconnaissance.

En ce qui concerne M. Henri Martin, à peine son tome VI avait-il paru, qu'un examen plus attentif ayant éveillé ses soupçons, il a fait disparaître des tirages suivants, il y a des années de cela, non-seulement le pseudo-Vau-de-Vire de M. Travers, mais les pièces authentiques, parce que des doutes lui sont venus sur l'interprétation donnée par M. Pluquet aux vers sur la fin de Basselin et par conséquent sur le rôle patriotique du vieux poète.

On voit ce qu'il faut penser de la *loyale* communication faite par M. Travers au congrès des Sociétés savantes, et dont nous ne prendrons pas la peine de rechercher ici le but.

Taxille Delord.

III.

Extrait du *Moniteur du Calvados* du 27 avril 1866.

La Marseillaise normande.

Il s'est fait un assez grand bruit, dans ces derniers jours, autour d'une courte et piquante communication lue dans les réunions de la Sorbonne, par M. Julien Travers, secrétaire de l'Académie de Caen et l'un de ses délégués Il s'est répandu, a-t-il dit, chez plusieurs érudits et historiens modernes une erreur historique, qu'il est temps d'arrêter en chemin. C'est la supposition, au XVe siècle, d'une Société de chanteurs patriotes réunis, sous la conduite d'Olivier Basselin, leur capitaine, en une sorte de chouannerie pour chasser les Anglais du Bocage normand. D'où vient cette erreur ? M. Leroux de Lincy, dans son recueil des *Chants historiques françois* (1841), inséra la pièce suivante, sorte de chant de triomphe après la victoire de Formigny sur les Anglais.

(Ici l'auteur de l'article, M. Léon Puiseux, cite le *Vau-de-Vire* imprimé ci-dessus, pages 14, 15, et poursuit en ces termes :)

M. Henri Martin, s'emparant de ce morceau, le cita tout entier dans les pièces justificatives de son *Histoire de France*, t. VI (4e édition), et le fit suivre de cette réflexion : « Quelle distance de cette franche et vaillante poésie populaire au fatras alambiqué des poètes de cour, à commencer par Georges Chastelain lui-même ! C'est ici et dans le *Pathelin* qu'est le vrai lien de l'ancienne poésie nationale avec la langue et la littérature de la France moderne qui vont naître. »

M. Martin part de cette pièce et de quelques autres qu'il a empruntées également à M. Leroux de Lincy, dans la compétence duquel, je l'avoue, il était autorisé à avoir confiance, pour conclure, avec lui, à l'existence d'une association patriotique, sous le nom de *Compagnons des Vaux-de-Vire*, de *Compagnons Galois* ou de *Gales-Bontemps*.

Il n'y a qu'un malheur, dit M. Travers, c'est que nous n'avons pas un seul vers authentique d'Olivier Basselin ; c'est que l'existence de ses confedérés est une chimère, c'est enfin que le Vau-de-Vire sur la bataille de Formigny est apocryphe. C'est un pastiche dans le style du XVe siècle, mais il date de 1828, et l'auteur ..... c'est M. Travers lui-même.

Pour être vrai, je dois dire que j'étais présent à la lecture de la Sorbonne ; que, lorsque M. Travers récita la pièce en question, beaucoup d'auditeurs, qui n'étaient point encore dans le secret, paraissaient charmés, et qu'il y eut chez beaucoup d'entre eux une sorte de stupéfaction, suivie bientôt d'un fou rire, lorsque M. Travers vint faire la confession publique de sa faute.

A une époque où la question de l'authenticité des poésies attribuées à Clotilde de Surville était fort agitée et non encore vidée, M. Travers avait voulu montrer à quelques amis comment on pouvait faire des vers moyen-âge, et pour continuer l'épreuve, il avait publié la fameuse pièce à la suite des chansons d'Olivier Basselin dans l'édition qu'il en a publiée en 1833. C'est là que M. de Lincy l'est allé chercher pour l'adopter : le savant sommeillait ce jour-là ; car il suffisait d'avoir pratiqué un peu le moyen-âge, pour être en grand doute quant à certaines expressions et quant à l'allure générale du morceau. D'autres, le bibliophile Jacob, par exemple, ne s'y sont pas laissé prendre.

« Aujourd'hui, a dit en terminant M. Travers, l'autorité de MM. Leroux de Lincy et Henri Martin donne à ma faute une portée que je n'avais pas soupçonnée d'abord, et que je ne puis expier par un repentir solitaire. L'aveu public que j'en fais suffira, je l'espère, pour qu'elle n'ait aucun fâcheux résultat dans l'avenir. Peut-être même servira-t-elle de leçon aux maîtres, qui ne sauraient avoir trop de réserve quand il s'agit de nouveautés.

« Quoi que l'on pense de cette confession tardive, elle me soulage, et je sens, avec une sorte de plaisir, qu'elle allège d'un article le compte à rendre prochainement d'une vie qui s'achève. »

Je dois dire, en rapporteur fidèle, que l'aveu a été fort bien accueilli par l'auditoire, et que le président de la section historique, M. Amédée Thierry, a complimenté l'auteur : on avait ri, on était désarmé.

Mais ce petit événement littéraire ne devait pas rester renfermé dans l'enceinte de la vieille et pacifique Sorbonne. On était alors à la veille d'une élection à l'Académie française, où M. Henri Martin se présentait en concurrence avec M. Cuvillier-Fleury. La *Gazette de France*, dont M. H. Martin n'a pas le bonheur de posséder les sympathies, s'empara de la révélation de M. Travers et la jeta à la traverse de la candidature de M. H. Martin. L'*Événement* reproduisit le commentaire de la *Gazette*. L'élection eut lieu, et le savant auteur de l'*Histoire de France*, de l'ouvrage qui, malgré quelques taches, n'en est pas moins le monument le plus complet élevé jusqu'ici à notre passé national, M. H. Martin échoua contre les pages légères et la critique spirituelle de M. Cuvillier.

Le *Siècle* vit alors dans la lecture de M. Travers un acte d'accusation préparé contre M. H. Martin, une machine de guerre chargée contre sa candidature. D'autres feuilles sont venues à la rescousse, et il y a eu, sur ce terrain, une véritable mêlée de journaux, grands et petits, voire même le *Nain-Jaune* et la *Gazette normande*, qui ont dit aussi leur mot. Quant à une intention hostile chez M. Travers à l'endroit de la candidature de M. Martin, nous n'y croyons pas le moins du monde, et nous avons même quelque raison de savoir et d'affirmer que cette révélation était préparée et annoncée au Comité historique, plusieurs semaines avant qu'il fût question de la candidature de M. Henri Martin. Si elle a réellement nui à celle-ci, ce n'est pas à M. Travers qu'il faut s'en prendre, mais à ceux qui se sont fait une arme de ses paroles.

Cette question vidée, il en est une autre qui ne me paraît pas résolue aussi définitivement que le pense M. Travers. L'hypothèse de l'association patriotique des *Compagnons Galois*, pour ne plus s'appuyer sur la pièce apocryphe, ne manque pas pour cela d'arguments : elle peut encore invoquer des pièces dont l'antiquité ne peut être contestée ; qui ne sont pas de Basselin, si l'on veut, mais qui sont bien de son temps. Je ne puis oublier non plus que le capitaine qui signa la capitulation de Vire, lorsque cette ville se rendit aux Anglais en 1418, s'appelait le *Compagnon de Gaule*. (*Rôles normands de la Tour de Londres*, publiés par la Société des antiquaires.)

IV.

Extrait du *Moniteur du Calvados* du 2 mai 1866.

RÉPLIQUE

A L'ATTAQUE DU SIÈCLE, ET RÉPLIQUE A SA RÉPLIQUE.

M. Travers nous adresse la lettre suivante :

A Monsieur le Directeur du Moniteur du Calvados.

Caen, le 30 avril 1866.

Monsieur,

Le *Siècle* vient de publier enfin ma réponse aux attaques de M. Taxille Delord. Comme il s'agit d'une question de littérature normande et d'un point de notre histoire nationale, obligez-moi de reproduire et ma lettre du 20 avril, et les annotations du critique, et ma réponse à ces annotations, où M. Taxille Delord s'obstine à défendre une cause que M. Martin lui-même semble avoir abandonnée.

« *A Monsieur le Rédacteur en chef du* Siècle

« Caen, le 20 avril 1866.

« MONSIEUR LE RÉDACTEUR EN CHEF,

« On me communique le *Siècle* du 16 avril, et j'y lis un article de M. Taxille Delord sur ce que plusieurs journaux appellent « l'incident Martin-Travers. » Permettez-moi quelques observations dans une cause où l'on m'attaque, où l'on me défend, sans connaître mon texte qui est déposé au ministère de l'instruction publique.

« La *Gazette de France* a pris au vol le sens de mon mémoire, et l'a agencé de façon à me donner un air d'homme de parti en présence de deux concurrents. Cette attitude n'est pas la mienne : une coïncidence toute fortuite m'a fait lire en Sorbonne, à la veille d'une élection académique, des pages écrites longtemps avant que l'on connût la candidature de M. Martin. Je savais que ma lecture n'aurait aucune influence sur le scrutin : aussi l'ai-je faite sans autre souci que l'intérêt de la vérité, et pour qu'une erreur, étayée sur l'opinion de deux hommes qui sont de graves autorités en histoire, ne passât point dans nos annales littéraires. Je n'ai pas eu d'autre *but*, quoi qu'en pense M. Delord ; il n'en douterait pas s'il me connaissait.

« Son article m'apprend que M. Henri Martin a supprimé des pages à la fin de son VIe volume. S'il en est ainsi, l'historien est revenu à mon opinion.

« A titre de récrimination, M. Delord insinue que j'ai trahi

la confiance de M. Asselin. Il ne sait pas que M. Asselin lui-
même me recommanda, en 1831, de ne pas omettre mon
pastiche de 24 vers dans mon édition de 1833. Il ne sait pas
non plus que ce pastiche fut composé, comme argument,
pour prouver à des jeunes gens trop crédules que les poésies
de Clotilde de Surville sont modernes.

« Une dernière critique de M. Delord, c'est que ma confession publique était inutile, puisque le bibliophile Jacob a
déclaré mon Vau-de-Vire apocryphe dans son édition de 1858.
Mon mémoire lu à la Sorbonne rend hommage à la sagacité
de M. Paul Lacroix, d'ailleurs en défaut sur d'autres pièces ;
mais la déclaration de ce dernier s'applique uniquement à
l'authenticité, qu'il a raison de ne pas admettre. M. Lacroix
ne dit pas un mot de la fameuse Compagnie du Vau-de-Vire,
dont l'existence est, à ce qu'il paraît, abandonnée par
M. Martin. Il est si loin de faire de Basselin un chef de gue-
rilleros normands, que pour lui les *Anglais* ne sont que les
créanciers du foulon-poète.

« On peut affirmer, s'il n'y a pas de revirement, que
M. Henri Martin, le bibliophile Jacob et moi, nous sommes
d'accord sur le point capital de ma petite dissertation, savoir :
que Basselin ne fut jamais un chef de guerriers chanteurs,
organisant une sorte de chouannerie dans le Bocage ; qu'il ne
fut point le Tyrtée populaire de soldats improvisés, ayant
pour but de chasser l'étranger de la Normandie, et que cette
armée patriote et lyrique n'a pas plus existé que le chansonnier Basselin en qualité de son capitaine.

« Obligez-moi, Monsieur le rédacteur en chef, d'imprimer
cette réponse, et croyez à mes sentiments de parfaite considération.

« Julien TRAVERS. »

Voici les annotations de M. Taxille Delord :

« Laissons à nos lecteurs le soin d'apprécier les explications de M. Travers et contentons-nous de maintenir les points essentiels : 1° que le rôle patriotique attribué aux *Compagnons du Vau-de-Vire* repose non point sur la pièce fabriquée par M. Travers, mais sur une pièce authentique citée par M. Henri Martin, et sur plusieurs autres chansons guerrières contenues dans deux manuscrits d'une authenticité incontestable ; 2° que s'il y a des doutes, ce n'est pas sur ce mouvement patriotique fomenté ou encouragé par des poètes populaires, mais sur la part qu'y aurait prise Olivier Basselin, plus célèbre que bien connu ; 3° qu'enfin la question relative à Basselin est encore plus étrangère que l'autre à la pièce dont M. Travers est l'inventeur. »

Aux trois observations de M. Taxille Delord je réponds :

1° M. Henri Martin s'est si bien appuyé sur ma pièce, qu'il lui a fait l'honneur de la citer en entier ; après quoi il s'est écrié : « Quelle distance de cette franche et vaillante « poésie populaire au fatras alambiqué des poètes de cour, « à commencer par Georges Chastelain lui-même ! C'est ici, « et dans le *Pathelin*, qu'est le vrai lien de l'ancienne poésie « nationale avec la langue et la littérature de la France mo- « derne qui vont naître. »

2° M. Taxille Delord admet des doutes sur la part que Basselin aurait prise à un mouvement patriotique, encouragé par des *poètes populaires*. Parler ainsi, c'est déserter la cause de M. Martin, qui avait insisté sur je ne sais quelle « chouan- « nerie dans le Bocage, » et fait du chansonnier virois le Tyrtée populaire d'une troupe inconnue dont il était le capitaine.

3° La question relative à Basselin est étrangère à ma pièce, s'il faut en croire M. Taxille Delord. Il n'a donc pas lu la phrase enthousiaste et mélancolique dont M. Martin a fait précéder cette pièce malencontreuse : « La Compagnie du « Vau-de-Vire survécut à son capitaine, et vit ce jour de vic- « toire et de délivrance qu'avait rêvé le Tyrtée populaire du

« Bocage. Elle salua d'un chœur éclatant la bataille de
« Formigny :

« Cuydoyent tousjours, etc. »

Au lieu d'insister sur la faiblesse des observations présen-
tées par M. Taxille Delord, félicitons M. Henri Martin d'avoir
fait un carton à la fin de son VIe volume. La faute que nous
signalions est réparée.

Veuillez agréer, etc.

Julien TRAVERS.

V.

Extrait du *Moniteur du Calvados* du 7 mai 1866.

M. Julien Travers nous adresse la lettre suivante :

MONSIEUR LE RÉDACTEUR EN CHEF,

Dans ma lettre adressée au *Siècle* le 20 avril et reproduite
par le *Moniteur du Calvados* du 2 mai, je disais qu'à moins
de revirement, M. Martin, le bibliophile Jacob et moi nous
étions d'accord. Il paraît que le revirement a eu lieu, et
même beaucoup plus tôt qu'on ne devait raisonnablement s'y
attendre. Un enthousiaste a remis l'historien en selle, et voilà
M. Martin raffermi sur ses étriers, se repentant de s'être re-
penti, prêt à rétablir l'*Éclaircissement*, n° III de son VIe
volume (1), sauf à sacrifier le pastiche qui avait, dit-il, *glissé*
de l'excellent recueil de M. Leroux de Lincy dans son livre.

(1) Lettre de M. H. Martin, en date du 19 avril 1866.

J'ai relu la lettre de M. Henri Martin, et mes soupçons se confirment sur la légèreté de ses informations. Quoi ! c'est sur les observations de MM. * et *, autorités fort nouvelles en histoire, qu'il compte revenir à des erreurs dont il avait fait justice ! Il y a là quelque chose d'étrange et de choquant : nous le signalons, sans dire comment l'expliquer.

Qu'en cédant sur l'objet de nos attaques, on se rejette sur les soulèvements de la Normandie, nous n'avons rien à faire remarquer, sinon qu'on cherche à donner le change au public et que les plus habiles s'y laissent prendre. Témoin M. L. P, qui vient renforcer de sa riche érudition les aperçus de M. Henri Martin, et lui fournir un moyen facile de se raccrocher à des branches voisines de celles qui ont éclaté dans ses mains. La haine de l'Anglais a soulevé la Normandie au XVe siècle : nous le savions. Ce grand mouvement patriotique nous ravit, et nous nous associons à cette haine après plus de quatre cents ans. Est-ce à dire que nous devons, à la vue de quelques buveurs, appelant l'*ire* de Dieu sur les *godons* qui pillent leurs caves, reconnaître la Compagnie des *Gales-Bontemps*, commandés par un faiseur de Vaux-de-Vire ?

M. Martin écrit fort légèrement : « Les adorateurs de la « dive bouteille », les devanciers de Rabelais, devinrent les indomptables instigateurs de la rebellion, qu'ils servirent de leurs bras comme de leurs chansons. Ils se firent un capitaine, dont le nom est resté vaguement populaire, et dont la tradition a fait l'inventeur du vaudeville, mais dont on a trop longtemps oublié les vrais titres à la popularité, c'est-à-dire le généreux emploi de sa verve et sa fin tragique. » C'est à corroborer ces points que nous invitons le célèbre auteur de l'*Histoire de France*, et non à prouver des émotions populaires dans la Haute et dans la Basse-Normandie, impatientes de secouer un joug odieux. Il ne s'agit pas du « souffle patriotique qui anime tout son livre. » Le souffle patriotique a ses dangers pour les historiens. Il faut du calme, beaucoup de calme pour étudier la vérité et la dégager des mensonges dans la mêlée des passions aveugles. Il faut apporter à cette étude la curiosité d'un juge impassible, n'écarter du dossier des gloires aucune pièce à charge, et n'avoir, en tenant la plume, aucune préoccupation de parti, aucun préjugé qui fausse la conscience, aucune opinion ancienne qui fasse obstacle aux lumières nouvelles, puisées à des sources pures et irréfragables. Nous n'avons pas la prétention de rien apprendre à M. Martin sur la théorie de son art ; nous nous permettons seulement de lui en recommander la pratique.

Agréez, etc.

Julien TRAVERS.

Caen, le 4 mai 1866.

M. Travers est un intrépide champion. Le nombre et la valeur des ennemis ne l'effraie pas. Depuis quinze jours il s'escrime dans le *Siècle*, dans l'*Événement*, dans la *Gazette normande*, dans le *Moniteur du Calvados*, parant et rendant les coups avec une dextérité sans pareille, déployant une verve toujours spirituelle, parfois un peu rude. Il veut bien ne pas voir en nous un adversaire ; et pourtant, tout en admirant sa vaillance, nous ne pouvons être entièrement de son avis.

Nous ne voudrions pas éterniser ce débat, et nous nous contenterons d'ajouter une seule observation. M. Travers a écrit dernièrement dans la *Gazette normande* : « la chouannerie normande du XVe siècle, les Compagnons du Vau-de-Vire, le capitaine Basselin, *chansons que tout cela* ».

Il y a en histoire des faits et des personnages sujets à controverse ; les Compagnons du Vau-de-Vire et Olivier Basselin sont de ce nombre. Mais il y a aussi des faits qui sont hors de toute contestation, et parmi ceux-ci nous comptons « la chouannerie normande du XVe siècle. » Nous croyons en avoir suffisamment établi l'existence, et nous aurions, au besoin, les mains pleines de preuves nouvelles. C'est là le seul point que nous ayons prétendu soutenir personnellement et nous y persistons, sans avoir cédé à aucune illusion, à aucune séduction, préoccupé du seul désir de maintenir impartialement la vérité historique partout où nous la rencontrons.

L. P.

Nous ne voyons dans ces observations de M. Puiseux rien qui nous sépare. Nous ne nions pas l'impatience du joug anglais, qu'on appellera, si l'on veut, « la chouannerie normande du XVe siècle. » Ce que nous n'admettons pas, ce que M. Puiseux ne cherche pas à défendre, c'est que le foulon de Vire, chansonnier bachique dont les œuvres sont perdues sans peut-être avoir été jamais fixées par l'écriture, soit patriotiquement métamorphosé en chef de bande et en Tyrtée du Bocage. Il faut d'autres preuves que les quelques chansons anonymes de deux manuscrits, postérieurs à l'expulsion des Anglais, pour convaincre les esprits calmes que n'échauffe pas un chauvinisme ridicule. L'écho des haines a retenti dans quelques chants de la fin du XVe siècle ; Olivier Basselin était mort depuis longtemps : impossible qu'elles soient de lui. La tradition en fait un joyeux compère, un poète bachique éminent ; nous ne contestons pas sa gloire, mais nous demandons ses œuvres. Nous avions des doutes en réimprimant, sur la foi d'autrui, en 1833, les chansons qu'on lui attribuait : aujourd'hui nous rendons hommage à son ombre ; mais, pour mettre son nom à des pièces de Basselin, vraiment authentiques, nous attendons des découvertes sur lesquelles nous n'osons plus compter.

J. T.

VI.

Encore un extrait d'une polémique dont je néglige beaucoup de pièces. J'ai dû choisir celles qui m'ont paru le plus concluantes, sans y rien changer d'essentiel, sans en effacer autre chose que deux noms propres, remplacés à mes risques et périls par deux *étoiles* (ci-dessus, p. 33.

Ce dernier article a paru dans le *Moniteur du Calvados* du 9 mai 1866.

———

Un jeune et savant critique dont j'aime la franchise et le talent, m'a récemment attaqué dans une *Revue* qu'il a fondée. Le numéro qui contient son article a mis quinze jours à me parvenir, car le recueil est peu commun, et les personnes qui le reçoivent craignaient de m'attrister en me le montrant. Leur crainte n'était pas fondée : à mon âge, on est aguerri contre des diatribes, et celle de M. Paul Meyer m'a laissé calme ; elle est impuissante à faire couler plus vite un sang refroidi. Voici ce morceau, plus injuste que violent :

« Un regrettable incident s'est produit dans l'une des séances tenues récemment à la Sorbonne par les délégués des Sociétés savantes. Un membre de l'Académie de Caen, M. Travers, a lu un mémoire en partie dirigé contre un célèbre historien de nos jours, et l'a accusé d'avoir tiré des conclusions illégitimes d'une pièce publiée pour la première fois en 1833 parmi les *Vaux-de-Vire* d'Olivier Basselin, et reproduite par l'éditeur des *Chants historiques françois*, M. Leroux de Lincy. M. Travers donna lecture de la pièce en question, et, lorsqu'elle eut reçu les applaudissements de l'auditoire, il la déclara apocryphe, il en nomma l'auteur, et l'auteur c'était lui-même, Julien Travers, professeur à la Faculté des lettres de Caen, et l'éditeur d'Olivier Basselin.

« A ne considérer que le fait en lui-même, sans se préoccuper du parti que certains journaux en ont tiré pour attaquer l'historien coupable d'avoir cru à la bonne foi de M. Travers, il y a dans l'action de ce dernier autre chose qu'une inconvenance. Le fait d'introduire frauduleusement dans une publication de textes anciens un document de fabrique récente est en lui-même assez peu digne ; c'est un piége tendu au lecteur, c'est un vilain tour ; mais venir, dans une assemblée respectable, se faire une arme de sa propre fraude pour attaquer les hommes qu'on a trompés, et dont l'un est membre du comité devant lequel on se présente, c'est plus que de l'audace. D'ailleurs, toute considération de convenance mise de côté, il n'y avait vraiment pas de quoi se vanter. Si deux savants ont eu le tort de croire que toutes les pièces du recueil de M. Travers étaient de bon aloi, il en est un troisième, M. Paul Lacroix, qui s'est montré plus justement défiant et qui a formulé en ces termes un jugement que le professeur de Caen a négligé de citer : « Nous n'hési-« tons pas à déclarer que ce Vau-de-Vire est ridiculement « apocryphe. »

« De cet incident se tire un double enseignement : d'une part, on saura que les documents publiés à diverses époques par M. Travers ne doivent être utilisés qu'avec défiance ; d'autre part, on pensera sans doute que le seul moyen d'éviter de pareilles surprises est de soumettre à un examen préalable les mémoires admis à l'honneur d'être lus en Sorbonne »

Répondons à notre jeune critique, en suivant l'ordre de ses attaques.

Un regrettable incident s'est produit, etc. — M. Meyer semble ignorer le sens du mot *incident*. De nombreuses lectures ont eu lieu pendant trois jours à la Sorbonne dans la section d'histoire. Chacune est-elle un *incident* ? Celle que j'ai faite, le 4 avril, avait-elle ce caractère par la manière dont elle a été reçue ? A-t-elle causé quelque scandale ? A-telle provoqué l'indignation de l'auditoire ? L'auditoire a été d'une bienveillance dont je saisis cette occasion de lui témoigner toute ma gratitude. Le président du bureau lui-même, M. Amédée Thierry, a joint ses éloges aux applaudissements de l'assemblée. Et quand je dis cela, qu'on ne s'imagine pas qu'il y ait ici manque de modestie ; je ne constate les faits qu'au point de vue de la défense

Ma lecture a été, non pas seulement un *incident,* mais un *incident regrettable.* — *Regrettable* en quoi, s'il vous plaît ? N'ai-je pas atteint mon but, qui était d'empêcher qu'une erreur historique ne passât dans nos annales littéraires ?

Mon mémoire était, dit le critique, *dirigé contre un célèbre historien de nos jours.* — Il n'était dirigé que contre une de ses erreurs, erreurs inévitables dans un ouvrage de longue haleine. La célébrité même de M. Martin m'a fait prendre la plume. L'autorité de son livre et celle de son nom m'ont ouvert les yeux sur un péché de ma jeunesse, et m'ont amené à une confession publique. Il paraît que l'expiation n'est pas suffisante. M. Meyer se montre d'un rigorisme impitoyable à l'égard de 24 vers composés par moi pour éclairer un jeune homme sur un pastiche en deux volumes, et publiés à la sollicitation d'un vieillard que je vénérais. J'ai dit, en effet, dans mon mémoire, comment, à la fin de 1826, un de mes anciens élèves m'ayant vanté outre mesure les Poésies de Clotilde de Surville, j'essayai en vain de lui démontrer que ce n'était qu'un remarquable pastiche. Ne pouvant le détromper, je lui portai, quelques jours après, mon Vau-de-Vire tout-à-fait inconnu, et il le tint immédiatement pour très-authentique. « Eh bien ! lui dis-je, je l'ai fait hier. »

J'envoyai cette pièce à M. Augustin Asselin, ancien sous-préfet de Vire, et l'éditeur du Basselin de 1811, et M. Asselin me recommanda de l'insérer dans mon édition de 1833, bien qu'il en connût l'origine. Un auteur de 24 ans écoute trop facilement, en semblable occurrence, le conseil d'un vieillard qui jouit de la considération publique. La conscience de

M. Meyer eût résisté, la mienne succomba et je fus coupable. Mais là s'arrête ma faute, et je ne puis la regarder comme un *vilain tour*. Il n'y a pas eu *piége tendu au lecteur*, il y a eu tout simplement addition d'une pièce inconnue dans un *Appendice* de trois Vaux-de-Vire dont les deux premiers avaient été publiés par Louis Du Bois.

Quand M. Leroux de Lincy, sans me consulter, a introduit trop légèrement ma pièce dans son recueil d'*Anciens chants françois*, et l'a fait précéder de ses conjectures sur les Gales-Bontemps ou Compagnons du Vau-de-Vire ; quand M. Henri Martin s'est emparé de cette patriotique hypothèse et l'a développée en s'appuyant avec une complaisance aveugle sur des vers que j'avais commis, j'ai gardé le silence, je l'ai gardé pendant des années ; puis j'ai cru devoir enfin prendre la parole avant de mourir et empêcher l'erreur d'aller plus loin. Il paraît, selon mon jeune critique, qu'il y a dans ce procédé *plus que de l'audace*. Quelques journaux, en effet, ont traité cet acte d'héroïsme.

Ne vous *vantez* pas, s'écrie M. Meyer ; si vous avez trompé deux savants, un troisième, que vous n'avez pas cité, M. Paul Lacroix, a déclaré votre pièce « ridiculement apocryphe. »

Si M. Meyer eût entendu la lecture de mon mémoire, dont il peut prendre connaissance au ministère de l'instruction publique, il saurait que j'ai rendu hommage à la sagacité du bibliophile Jacob, qui a regardé ma pièce comme « apocryphe. » J'ai supprimé l'adverbe, par égard pour MM. Leroux de Lincy et Henri Martin. « Ridiculement » ne me paraît pas trop fort, à moi qui juge froidement à quarante ans de distance ; mais il aggrave le tort de ces Messieurs, sans que leur zélé défenseur semble s'en douter.

L'*incident* (puisqu'on veut que ce soit un incident) donne, selon le jeune Meyer, *un double enseignement*, c'est-à-dire que le jeune Meyer fait une double leçon : la première à moi, qui l'accepte ; la seconde à M. le ministre de l'instruction publique, dont la prudence n'a pas été en défaut.

Oui, j'accepte et je recommande la suspicion à l'égard de tout document publié, même par moi. Un historien est un juge qui doit examiner avec un soin scrupuleux toutes les pièces qu'il met en œuvre ; une de ses vertus, c'est la *defiance*.

Quant à l'*examen préalable* qu'on réclame, il a eu lieu, et je ne comprends point qu'on ose parler de *surprises*. Au commencement de cette année, par surcroît de précaution, une circulaire ministérielle demanda que les Compagnies savantes des départements prissent connaissance des morceaux qui devraient être lus en Sorbonne : grave et délicate responsabilité, qui constituait les membres de ces Compagnies juges de leurs confrères et pouvait avoir des inconvénients. Il n'a pas suffi que les morceaux aient eu l'approbation des Sociétés qui les envoyaient ; ils ont dû parvenir au ministère le 15 mars au plus tard, et le congrès ne s'ouvrait que le 4 avril On a donc eu près de trois semaines pour examiner les mémoires qui seraient lus. En m'entendant appeler le premier jour, et l'un des premiers, je crus que M. Leroux de Lincy, membre du comité, allait venir me demander des explications, je veux dire des éclaircissements, et, comme il est connu pour un charmant esprit et un excellent caractère, on m'assure qu'il eût de bonne grâce ri de sa méprise

Mais à quoi pense notre donneur de leçons ? Le ministre et le comité seront-ils aussi dociles que moi à les recevoir ? Le sens de la critique finale du jeune Meyer, c'est que le comité a manqué de vigilance : — Le comité doit monter la garde quand arrivent les délégués des Sociétés savantes ; le comité doit s'assurer qu'ils ne viennent relever aucune erreur, apporter aucune vérité sans une marque de contrôle ; le comité doit visiter les passeports délivrés par la province aux morceaux à lire ; le comité n'a pas fait son devoir .. Et M. Meyer (*risum teneatis*), M. Meyer est membre du comité !

Caen, typ. Le Blanc-Hardel.

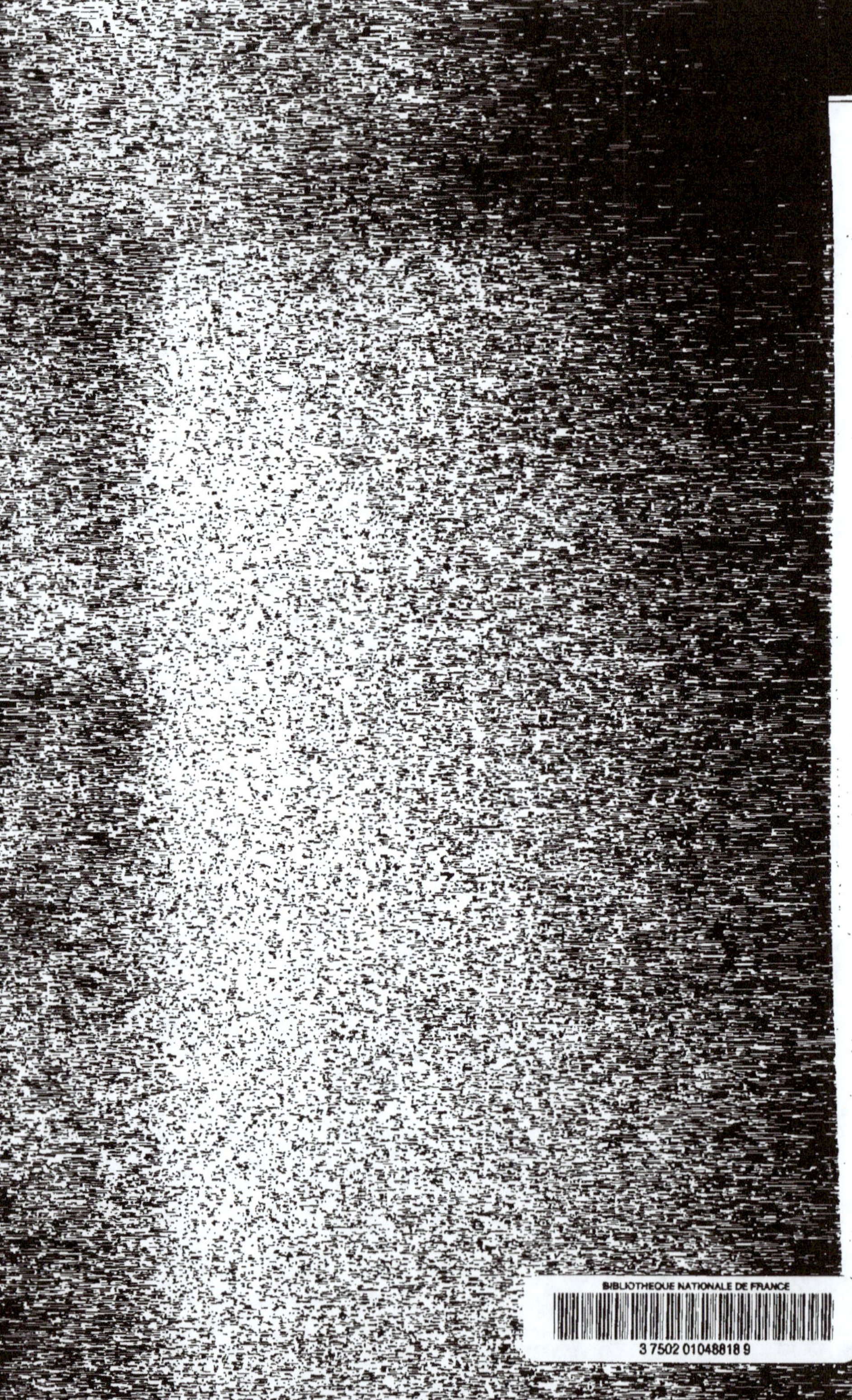